국립생태원은 한반도 생태계를 비롯하여 열대, 사막, 지중해, 온대, 극지 등 세계 5대 기후와 그곳에서 서식하는 동식물을 한눈에 관찰하고 체험할 수 있는 생태 연구·교육·전시 종합 기관입니다. 국립생태원 출판부(NIE PRESS)는 소중한 생태 정보와 이야기를 엮어 유아부터 성인, 전문가에 이르는 다양한 독자를 위한 책을 만들고 있습니다.

정보 제공 및 내용 감수에 참여한 **국립생태원 연구원**
박정수

에코스토리 02 국립생태원이 들려주는 **기후 변화 연구** 이야기
빙글빙글 물방울의 여행

발행일 2017년 6월 15일 초판 1쇄 발행 / 2024년 12월 13일 초판 4쇄 발행
글 서영선 | **본문그림** 김영곤 | **부록그림** 박소영

발행인 조도순
책임편집 유연봉 | **편집** 유연봉 이규 천광일 전세욱 | **구성·진행** 강승연 성재윤 조현민
아트디렉터 신은경 | **디자인** 디자인아이(양신영 진선미) | **사진** Shutterstock 위키미디어 UPI
발행처 국립생태원 출판부 | **신고번호** 제458-2015-000002호(2015년 7월 17일)
주소 충남 서천군 마서면 금강로 1210 / www.nie.re.kr
문의 041-950-5997 / press@nie.re.kr

ⓒ 국립생태원 National Institute of Ecology, 2017
ISBN 979-11-88154-04-3 74400
　　　979-11-88154-02-9(세트)

※이 책에 실린 모든 글과 그림을 저작권자의 허락 없이 무단으로 사용하거나 복사하여 배포하는 것은 저작권을 침해하는 것입니다.
⚠ 주의 다칠 우려가 있습니다. 본 교재를 던지거나 떨어뜨리지 않도록 주의하십시오. 고온 다습한 장소나 직사광선이 닿는 장소에는 보관을 피해 주십시오.

02 기후 변화 연구

빙글빙글 물방울의 여행

글 서영선 그림 김영곤 감수 국립생태원

국립생태원
NIE PRESS

햇볕이 따뜻하게 내리쬐었어요.
한라산 백록담에서 퐁 물방울 하나가 올라왔어요.
물방울은 따뜻한 바람을 타고 둥둥 날아 서울에 닿았어요.
따뜻한 봄비가 내리고 있었어요.
물방울도 봄비에 섞여서 아래로 내려갔어요.
"콜록콜록!"
물방울은 기침이 나왔어요.

"웬 먼지가 이렇게 많아?"
봄비 속에는 모래 먼지가 잔뜩 섞여 있었어요.
다른 물방울이 말했어요.
"이건 중국에서 날려 온 모래 먼지야.
황사라고 하는데, 갈수록 심해지고 있어."

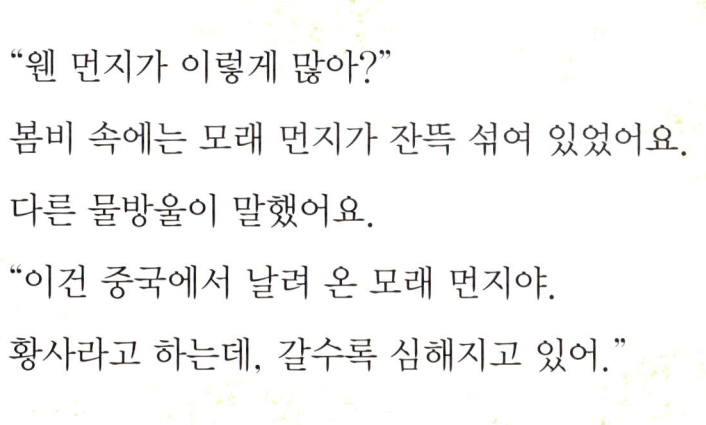

황사란 무엇일까요?
주로 봄철에 중국에서 우리나라로 불어오는 모래 먼지를 황사라고 해요. 중국의 사막 지대에서 강한 바람이 불면 모래흙이 바람을 타고 우리나라까지 날아와서 하늘을 덮었다가 서서히 땅으로 떨어지지요. 중국에 사막이 넓어지면서 황사는 점점 더 심해지고 있어요. 황사 때문에 눈과 코에 병이 나기도 한답니다.

봄이 지나고 여름이 왔어요.
물방울은 너무 더워 숨이 막힐 것 같았어요.
공원 파라솔 아래에 사람들이 모여 앉았어요.
"어휴, 왜 이리 비가 안 와? 장마가 올 때가 되었는데."
모자를 쓴 아저씨가 구슬땀을 흘리며 말했어요.
"지구 온난화 때문에 날씨가 예전과는 많이 달라졌어.
기후 변화 때문에 이제 마른장마가 온다네."
선글라스를 쓴 아저씨가 연신 부채질을 해 댔어요.

"우리 아기는 땀띠가 나서 밤에 잠도 못 자요."
한 아주머니가 말하자, 다른 아주머니가 쯧쯧 혀를 찼어요.
"저런, 저도 어제 얼굴이 하얘지고 식은땀이 마구 나더라고요.
병원에 갔더니 열사병이라고 하더군요."
몸이 따뜻해져서 수증기가 된 물방울은
두둥실 떠올라 어딘가로 멀리 날아갔어요.

지구는 왜 점점 더워질까요?
대기 속에 있는 이산화 탄소나 수증기 등은 온실의 유리처럼 열기가 밖으로 빠져나가지 못하게 막고 있어요. 덕분에 지구가 따뜻하게 유지되고 있지요. 이것을 '온실 효과'라고 한답니다. 그런데 사람들이 공장을 많이 짓고, 자동차를 많이 타고 다니면서 석탄과 석유를 많이 사용하자, 대기 속에 이산화 탄소가 너무 많아졌어요. 그래서 온실 효과가 더 심해지고 지구가 점점 더 더워집니다. 지구 온난화가 더 심해지는 것이지요.

물방울은 시골 어느 마을에 닿았어요.
마른장마가 계속되자, 폭염*이 찾아왔어요.
"아휴, 더워!"
머리에 수건을 쓴 할머니가 밭을 돌아보며 말했어요.
"채소도 모두 말라 가.
비가 너무 안 와서 강바닥이 드러나고,
논도 거북이 등처럼 쩍쩍 갈라져서 정말 큰일이야."
노랗게 마른 배추를 파내 들고 한 아주머니도 말했어요.

"가축들도 고생이에요.
이웃마을에서는 닭과 돼지가 2천 마리나 죽었다고 하더라고요."
지구 온난화 때문에 날씨는 점점 더 따뜻해지고 있어요.
그런데 비가 오지 않으니 폭염이 찾아올 수밖에 없지요.

*폭염 기온이 33도(℃) 이상 되는 매우 심한 더위로 '불볕더위'라고도 하지요.

온 세계가 폭염에 시달리고 있다고요?
2016년, 우리나라에 폭염이 찾아온 날은 16.7일이나 되었어요. 서울에서는 밤에도 기온이 내려가지 않는 열대야가 22일이나 되었지요. 폭염 때문에 병을 앓는 사람도 260명이 넘었어요. 우리나라뿐만 아니라 전 세계가 폭염에 시달리고 있어요. 일본과 미국, 유럽에서 수많은 사람들이 폭염 때문에 목숨을 잃었답니다.

물방울은 둥둥 떠다니다가 강원도의 한 농장에 닿았어요.
생전 처음 보는 과일 위에 앉았어요.
"할아버지, 이게 무슨 과일이에요?"
귀엽게 생긴 꼬마 아이가 물었어요.
"응, 파파야라는 과일이란다. 지구 온난화로 날씨가 따뜻해져서
열대 지방에서만 자라던 파파야를 이제 우리도 기른다니까."

"할아버지, 파파야 맛은 어떤지 한번 먹어 봐도 돼요?"
아이가 파파야를 톡 땄어요.
그 바람에 물방울은 다시 하늘로 날아올랐어요.

우리나라에서도 열대 과일이 자란다고요?
1990년대 우리나라의 평균 기온은 12.5도(℃) 정도였어요. 그런데 2014년에는 13.1도(℃)까지 올라갔어요. 지구가 점점 더 따뜻해지고 있기 때문이에요. 우리나라는 원래 온대에 속했는데, 온대와 열대의 중간 정도 되는 아열대 기후처럼 바뀌고 있어요. 이제 파파야나 망고 같은 열대 과일을 우리나라에서도 기를 수 있게 되었어요.

물방울은 멀리멀리 태평양까지 날아갔어요.
어느 한 섬에 사람들이 모여 웅성거리고 있었어요.
"작년보다 바닷물이 더 높아졌는걸.
벌써 섬 2개는 물에 잠기고 말았어."
"지구 온난화 때문에 산꼭대기에 있는 눈들이 녹아내리고,
북극과 남극의 얼음이 녹기 때문이에요."
"바닷물이 따뜻해져서 부피가 늘어나기도 했어."
"작년에는 여기 탁자와 의자, 파라솔을 놓았었는데,
지금은 여기까지 물이 들어와 놓을 수가 없어요."

"50년 뒤에는 우리 섬이 아예 바닷속에 잠길 거래요."
"이러다가 다른 나라로 이사 가야 하는 거 아닌가요?"
사람들은 바닷물의 높이가 점점 높아져서 걱정하고 있었어요.
사람들이 사는 섬이 바닷물에 잠기게 되었거든요.
물방울은 다시 바람을 타고 날아갔어요.

왜 해수면이 상승할까요?
지구 온난화로 지구가 더워지자, 높은 산 위에 늘 쌓여 있던 만년설이 녹아내리고, 남극과 북극의 얼음이 녹고 있어요. 그래서 바닷물의 양이 많아져 바닷물의 높이가 점점 높아지고 있지요. 5년에 1센티미터(cm)씩 높아지고 있답니다. 계속 이렇게 가다가는 인도양의 몰디브나 태평양의 투발루라는 나라는 바닷속으로 사라지고 말 거예요. 뉴욕이나 런던, 상하이, 시드니와 같이 바닷가에 있는 전 세계의 도시들도 사람이 살 수 없게 되지요.

물방울은 바닷바람을 타고 멀리 미국까지 날아갔어요.
갑자기 엄청나게 거센 바람이 불어닥쳤어요.
물방울은 세차게 쏟아지는 빗속으로 휩쓸려 들어갔어요.
"펑!" 하는 소리와 함께 전기가 나갔어요.
세상이 깜깜해져서 앞이 보이지 않았어요.
'도대체 무슨 일이지?'
물방울은 너무 놀라 어쩔 줄 몰랐어요.

"나는 허리케인* 카트리나야.
어때, 굉장하지? 나는 세상 모든 것을 쓸어 버리지."
"너는 정말 힘이 세구나!"
허리케인의 말대로 도시는 쑥대밭이 되어 있었어요.
건물들이 무너지고, 자동차들이 뒤집어져 있었지요.
허리케인의 힘이 세지는 것도 지구 온난화 때문이에요.
지구가 더워지니까 바닷물이 그만큼 더 따뜻해지고
바람이 강해지고 비구름도 훨씬 더 많이 생기게 되지요.

*허리케인 대서양 서부에서 발생하는 강력한 바람

허리케인 카트리나는 왜 일어났을까요?

대서양 위의 공기가 따뜻해지면 위로 올라갔다가 북쪽으로 부는 강한 바람이 되는데, 지구가 도는 힘 때문에 회오리바람이 됩니다. 이것이 허리케인인데, 바닷물이 따뜻할수록 강력해지지요. 카트리나는 2005년 9월 미국 남부 지역을 강타한 최고 시속 280킬로미터(km)의 초대형 허리케인이었어요. 2천 명 넘는 사람이 죽고, 집과 상가가 물에 잠겨 못 쓰게 되었어요.

미국의 캘리포니아, 5년째 비가 오지 않았어요.
지구 온난화로 공기가 따뜻해지고 건조해졌어요.
땅에 있는 수분은 증발하고, 아래쪽에는 바다가 없어서
구름도 생기지 않아 비도 오지 않는 거예요.
1억 그루 넘는 나무들이 말라 죽고, 푸르던 초원은 노랗게 변했어요.
"이렇게 자꾸 우물만 파면 뭘 하나? 금세 말라 버리는걸."
우물을 파던 농부가 한숨을 쉬었어요.

캘리포니아에서는 일 년에 만 개가 넘는 우물을 팠지만,
2,000개 가까운 우물은 이미 말라 버렸어요.
다른 농부도 햇볕이 내리쬐는 하늘을 바라보았어요.
"이제 아몬드 농사는 그만 지어야겠어.
소를 기르던 내 친구도 올해는 도시로 이사 간다네."
물방울은 더운 날씨 때문에 수증기가 되어 또 어디론가 날아갔어요.

캘리포니아 대가뭄은 왜 발생했을까요?
미국 남서부에 있는 캘리포니아는 5년 넘게 극심한 가뭄을 겪었어요. 물이 부족해서 강과 호수, 저수지의 모양이 바뀔 지경이랍니다. 이렇게 심한 가뭄도 지구 온난화 때문이라고 해요. 캘리포니아 땅 위의 공기가 더워지자 그 위로 비구름이 오지 못하기 때문이에요. 캘리포니아 사람들은 가뭄을 이겨 내기 위해서 강물과 바닷물을 끌어다 쓰는 등, 많은 노력을 하고 있답니다.

물방울이 도착한 곳은 아르헨티나였어요.
하늘이 보이지 않을 만큼 폭우*가 쏟아지고 있었어요.
홍수가 나서 도시 전체가 물에 잠기고 말았어요.
수많은 소와 돼지가 물에 빠져 죽고,
콩밭과 옥수수밭이 물에 잠겨 못 먹게 되었어요.
지구 온난화로 바닷물이 따뜻해져서 비구름이 너무 많이 생겨났어요.
그럼 폭우가 쏟아져 홍수가 나는 거예요.

섬처럼 남아 있는 지붕 꼭대기에서 사람들이 소리를 치고 있었어요.
"사람 살려! 여기요!"
한 아이가 물에 떠내려가고 있었어요.
사람들이 보트를 타고 바삐 아이를 구하러 갔어요.
물방울도 거대한 물에 휩쓸려 한없이 떠밀려 갔어요.

*폭우 한 시간에 7.6밀리미터(mm) 이상 내리는 비

홍수는 왜 일어날까요?

바닷물 온도가 올라가면 구름이 만들어지고 비가 되어 쏟아져요. 그런데 지구 온난화 때문에 구름의 양이 너무 많아지면 폭우가 내리고 홍수가 나는 거예요. 2016년 아르헨티나 비야 파라나시토 시는 몇 주 동안 폭우가 내려 강물이 넘치면서 도시 전체가 물에 잠겼어요. 사람들은 보트를 타고 학교나 직장을 다니고, 가축이 익사하고, 콩밭 3분의 1이 물에 잠기고 말았어요. 세계 3위의 콩 수출국인 아르헨티나는 이 홍수로 400만 톤(t) 분량의 콩을 거두지 못해 약 1조 4,826억 원의 피해를 보았어요.

물방울은 바닷물을 타고 호주로 가게 되었어요.
"불이야!" "불이야!"
'어쩜 좋아! 산불이 났네!'
놀란 캥거루들이 쏜살같이 도망쳤어요.
커다란 불꽃이 솟아오르고, 시커먼 연기가 피어났어요.
하늘에서는 헬기가 날면서 물을 쏟아부었어요.
사람들이 외치는 소리가 들리고 소방관들이 호스로 물을 뿜었어요.
"불씨가 조금만 있어도 불이 나니 큰 걱정이야.
예전에는 안 그랬는데 요즘 날씨가 왜 이리 건조한지 몰라."
"이게 다 지구 온난화 때문이라고 하더군.
공기가 뜨거워지니까 공기 중의 수증기도 모두 증발하게 돼서
땅과 나무들이 바싹 마르니까 산불이 자주 일어나는 거지."
불을 끄느라 얼굴이 새까매진 소방관 아저씨가 말했어요.

산불이 왜 자주 일어날까요?

지구 온난화로 기온이 올라가면 큰 산불이 자주 일어나요. 2010년 러시아에서는 40도(℃)에 가까운 폭염으로 대형 산불이 발생해 엄청난 인명과 재산 피해를 가져왔다고 해요. 또한 2016년 4월 호주 태즈메이니아 지역에서 산불이 일어났을 때는 기온이 40도(℃)였고, 5월 캐나다 앨버트 지역에서 산불이 일어났을 때는 이 지역의 기온이 35도(℃)였다고 해요.

물방울은 수증기가 되어 다시 바다로 돌아왔어요.
바다 위에서 어부들이 고기를 잡고 있었어요.
북쪽에서 따뜻한 바람이 불어왔어요.
"엘니뇨가 시작되는 모양이군."
"그런데 이번 엘니뇨는 너무 심한데. 물고기가 하나도 안 잡혀."
바닷물이 점점 따뜻해지자, 바다 위에 커다란 구름이 생겨났어요.
구름이 바닷물과 함께 빙글빙글 돌아가기 시작하더니
아주 힘이 센 슈퍼 태풍이 되었어요.

슈퍼 태풍을 따라 물방울은 필리핀에 도착했어요.
나무가 뿌리째 뽑혔어요. 지붕이 날아가고 기둥이 날아갔어요.
산처럼 높은 파도가 육지를 덮쳤어요. 줄이 끊어진 배들이 집을 덮쳤어요.
집들은 모두 흙탕물에 잠기고 말았어요.
물방울은 바람에 휩쓸려 멀리 날아갔어요.

'엘니뇨'가 무엇일까요?
지구는 자전을 하기 때문에 지구의 적도 부근에서는 늘 동풍이 불어요. 따뜻한 바닷물은 서쪽으로 흘러가고, 아래쪽에서 차가운 바닷물이 올라오지요. 그런데 이 바람이 약해지면 바닷물의 온도가 계속 올라가지요. 이것을 엘니뇨라고 해요. 지구 온난화로 엘니뇨가 심해져서 바닷물이 너무 따뜻해지면 슈퍼 태풍이 생기고 아주 큰 비가 내린답니다.

갑자기 날씨가 차가워졌어요.

물방울은 눈송이가 되어 다른 눈송이들과 함께 아래로 내려갔어요.

그곳은 안개가 짙게 낀 영국의 한 도시였어요.

"런던을 뒤덮은 폭설*은 이미 25센티미터(cm) 이상 쌓였습니다.

오늘밤에도 10~20센티미터(cm) 가량의 눈이 더 온다고 합니다.

30년 만에 처음 있는 일입니다."

사람들은 밖에 나가지도 못하고 집에 갇혀 있어요.

학교도 문을 닫고 비행기나 배도 다니지 못하지요.

텔레비전에서 앵커의 말이 끝나자, 박사님이 말했어요.
"지구 온난화 때문에 폭설이 내리는 겁니다.
지구가 따뜻해지면 엄청난 양의 구름이 만들어져요.
이 커다란 구름덩어리가 런던의 추운 날씨와 만나서 폭설이 된 것이지요."

*폭설 집중적으로 아주 많이 내리는 눈

폭설이 내리면 무슨 일이 생길까요?
2010년 겨울 영국과 독일, 폴란드 등 유럽 여러 나라에서는 3주 동안이나 폭설이 내렸어요. 추위와 잇단 사고로 백여 명이 목숨을 잃었고, 학교가 문을 닫았어요. 폭설에 갇혀 기차가 못 다니는 곳도 있었고, 비행기도 뜨지 못했지요. 발트 해 연안의 여객선도 발이 묶였습니다. 눈의 무게를 이기지 못한 나뭇가지들이 떨어지면서 전기가 끊어지기도 했지요.

물방울은 세계 여러 나라를 돌아다녔어요.
달라진 날씨 때문에 사람들이 크나큰 어려움을 겪고 있었지요.
모두 지구 온난화 때문에 지구가 더워져서 일어난 일들이에요.
비가 많이 오던 곳에서는 비가 너무 많이 내려 홍수가 나고,
비가 적게 오던 곳에서는 비가 너무 오지 않아 가뭄이 들었어요.
지구가 더 따뜻해지면 날씨는 더욱 변덕스러워질 거예요.
그러면 지구에 사는 모든 생물들은 살기가 무척 어려워질 거예요.

지구 온난화를 막으려면 석유나 석탄을 아껴 써야 해요.
자가용보다는 버스나 지하철 같은 대중교통 수단을 이용해야 해요.
물과 전기를 아껴 쓰고 쓰레기를 줄여야 해요.
나무도 많이 심고 가꾸어야 해요.
물방울의 몸이 다시 가벼워졌어요.
'폭염과 폭우, 폭설, 가뭄, 이런 날씨는
이제 만나지 않았으면 좋겠어.'
바람이 휙 불자, 물방울은 하늘로 붕 떠올랐어요.

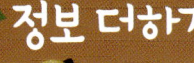

기후 변화란 무엇일까요?

어느 지역에서 일정한 시간에 나타나는 기상 현상을 '날씨'라고 하고, 어느 지역에서 오랜 기간 동안 나타나는 날씨의 평균을 낸 것을 '기후'라고 해요. 기후 변화란, 겨울이 예전과 달리 별로 춥지 않거나 여름인데도 폭설이 내리기도 하는 것처럼, 예전과는 다른 날씨가 10년 이상 오랜 기간에 걸쳐 나타나는 것을 말해요.

온실 효과와 지구 온난화

지구가 햇볕을 받아 온도가 올라가면 난로처럼 열을 밖으로 내놓아요. 그런데 공기 속의 이산화 탄소 같은 온실 기체는 지구에서 빠져나가는 열을 붙잡아 다시 땅으로 보내지요. 그러면 지구가 더워지는데 이것을 온실 효과라고 해요. 만약 온실 효과가 없었다면, 지구는 얼음으로 뒤덮이고 아무것도 살 수 없는 곳이 되었을 거예요. 이처럼 적당한 온실 효과는 지구를 따뜻하게 만들어 생명체가 살 수 있게 해 주지요. 그런데 공장이나 자동차 등에서 온실 기체가 너무 많이 만들어져서 온실 효과가 너무 심해지고 있어요. 그래서 지구가 점점 더워지고 있는데, 이것을 '지구 온난화'라고 해요. 그 결과, 남극과 북극의 빙하가 녹고, 바닷물의 높이가 높아져 바닷가가 물에 잠기게 돼요. 그뿐만 아니라 가뭄, 홍수, 태풍, 허리케인, 폭염, 폭설 등이 더 자주, 더 세게 일어나고 있어요.

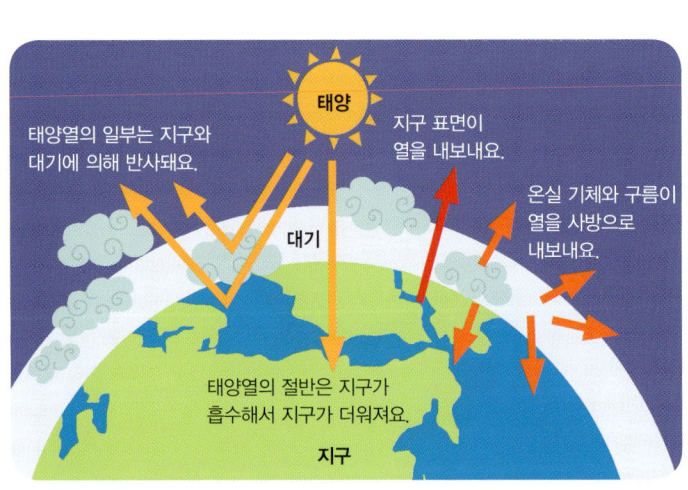

지구를 데우는 온실 효과

투발루는 지구 온난화로 서서히 바다에 잠기는 나라예요

투발루는 아홉 개의 섬으로 이루어진 나라인데, 아주 낮은 땅으로 되어 있어요. 투발루는 머지않아 나라 전체가 바다에 잠길 위험에 처해 있어요. 극지방의 빙하가 녹아내려 바다로 흘러들어 가면서 바닷물의 높이가 높아졌는데 그 속도가 점점 빨라지고 있기 때문이에요. 또한 투발루 사람들이 마실 물이 점점 없어져 가는 것도 큰 문제예요. 사람들이 마시는 지하수에 바닷물이 섞이면서 바닷물의 소금기로 인하여 짠물이 되었기 때문이에요. 점점 뜨거워지는 지구에서 서서히 바다에 잠기는 나라, 투발루 사람들은 어쩔 수 없이 바다에 잠겨 가는 고향을 떠나 다른 나라로 이사를 가고 있어요.

지구 온난화 때문에 사라져 가는 섬, 투발루

이상 기후 때문에 폭우가 오고 홍수가 일어나요

비는 사람과 동식물이 지구 위에서 건강하게 살아가는 데 반드시 필요한 것이에요. 그런데 비가 내리는 양은 기후 변화에 따라 갑자기 늘어나기도 하고 줄어들기도 하지요. 비가 너무 많이 와서 강이나 개천이 불어나 주위에 피해를 입히는 것을 홍수라고 해요. 홍수는 그 힘이 엄청나서 피해가 무척 크지요. 홍수가 일어나면 농사를 짓는 땅과 농작물, 사람이 사는 집과 가축, 심지어는 사람들도 물에 잠기거나 떠내려가기도 해요. 대체로 홍수는 짧은 시간에 비가 많이 내리거나 긴 시간 동안 계속해서 비가 내릴 때 생겨요. 하지만 바닷가의 낮은 곳에서는 비가 내리지 않아도 먼 지역의 태풍이나 지진 해일 때문에 홍수가 나기도 하지요. 홍수는 옛날부터 있어 왔지만, 이상 기후 때문에 요즘에는 더 자주, 더 크게 홍수가 나고 있어요.

강물이 넘쳐 물에 잠긴 마을

기후 변화는 우리 모두의 책임이에요

지구가 점점 뜨거워지는 것을 막기 위해서는 지구의 온도를 높이는 온실 기체의 양을 줄여야 하지요. 온실 기체의 약 50퍼센트(%)는 이산화 탄소예요. 그래서 이산화 탄소가 더 많이 생겨나지 않게 해야 해요. 이산화 탄소는 석탄이나 석유, 천연가스 같은 화석 연료를 사용하기 때문에 주로 생겨나지요. 그럼 그 책임은 누구에게 있을까요? 더 먼저 나라가 발전한 미국이나 영국 같은 부자 나라들일까요? 그동안은 이 같은 부자 나라들에서 더 많은 온실 기체가 만들어졌어요. 하지만 요즘에는 점점 더 발전해 나가고 있는 개발도상국이 만들어 내는 온실 기체가 더 많아지고 있어요. 중국은 미국보다도 더 많이 온실 기체를 만들어 내고 우리나라에서 만들어 내는 양도 아주 많이 늘어났지요. 그러므로 지구 온난화와 기후 변화는 어느 한 나라만의 문제가 아니라, 지구 모든 나라의 문제예요. 모두 함께 힘을 모아 온실 기체를 줄여서 지구 온난화와 기후 변화를 막을 방법을 찾아야 해요.

공장에서 뿜어져 나오는 온실 기체

기후 변화를 막기 위해 전 세계가 노력하고 있어요

지구 온난화를 막기 위한 세계 여러 나라의 노력이 몇 십 년 전부터 시작되었어요. 1979년에는 세계 여러 나라를 대표하는 기후학자들이 한곳에 모여서 이야기를 나눈 결과, 기후 변화가 세계 곳곳에 큰 영향을 주고 있다는 것을 깨닫게 되었지요. 그 후에 1992년에 열린 지구 환경 정상 회담에서 지구 온난화를 막기 위한 약속인 '기후 변화 협약'을 맺었어요. 그리고 2015년 파리에서 195개의 나라들이 모여 파리 기후 협약을 체결하고 모든 참가국이 온실 기체 배출을 줄일 것을 약속했어요. 만일 이 약속이 지켜지지 않는다면 우리는 큰 어려움을 겪게 될 거예요.

2015년 프랑스 파리에서 열린 UN 기후 협약

새로운 에너지가 지구를 살려요

그동안 사람들은 화석 연료를 써서 집을 데우고, 자동차를 움직이고, 공장을 돌리는 등 많은 발전을 해 왔어요. 지금도 우리는 화석 연료를 아주 많이 사용하지요. 하지만 화석 연료를 사용할수록 지구 온난화가 더 심해지지요. 그래서 사람들은 지구를 망가뜨리지 않을 새로운 에너지를 찾기 위해 노력하고 있어요. 이러한 새로운 에너지에는 먼저 태양 에너지가 있어요. 태양 에너지는 태양으로부터 나오는 빛이나 열을 이용하여 얻는 에너지예요. 태양 에너지는 양이 줄지도 않고 환경도 망가뜨리지 않아요. 바람을 이용하는 풍력 에너지도 있어요. 사람들은 아주 오래전부터 배를 타고 다니거나 풍차를 돌리는 데 바람을 이용했어요. 요즈음에는 바람으로 전기도 만들어서 사용하지요. 지구 안쪽에서 나오는 지열은 수증기나 온천, 화산 폭발 등의 모습으로 밖으로 나와요. 지열도 에너지로 만들 수 있어요.

바람의 힘으로 전기를 만드는 풍력 발전기

똥, 오줌으로 가는 버스도 있어요

사람들은 똥을 더럽고 냄새나고 쓸모없다고 생각해요. 하지만 더럽다고 생각했던 똥으로 깨끗한 에너지를 만들어 낼 수 있다는 것을 알게 되었어요. 영국 시내에 나타난 한 버스에는 화장실에서 볼일을 보는 사람들의 모습이 그려져 있어요. 왜냐하면 이 버스가 사람의 똥으로 움직이는 버스이기 때문이에요. 똥을 에너지로 쓰는 이 '똥 버스'는 브리스톨 공항과 배스 시내를 다니고 있어요. 독일의 한 목장에서는 젖소를 기르면서 나오는 똥 에너지로 전기를 만들어 쓰고, 미국 샌프란시스코에서는 공원에 널려 있는 애완 동물의 똥을 모아 전기를 만들어 가로등을 켰어요. 우리나라에서는 국립 축산 과학원에서 가축의 똥, 오줌으로 전기를 만들기도 했어요. 요즘에는 오줌으로 전기를 만드는 기술이 개발되었는데, 이 기술은 돈이 아주 적게 들어서 가난한 사람들도 전기를 마음껏 쓸 수 있게 된대요.

내 똥으로 버스가 간다고?

오물에서 발생하는 메테인 가스로 움직이는 버스

국립생태원이 들려주는 에코스토리

01 전국 자연환경 조사
  나는 독도의 마스코트

02 기후 변화 연구
  빙글빙글 물방울의 여행

03 생명 공학 연구
  황금쌀과 슈퍼 연어의 비밀

04 외래 생물 관리
  하늘천의 무법자 블루길

05 생태계 연구
  금개구리 왕눈이의 모험

06 생체 모방 연구
  호기심쟁이 수현이와 발명가 삼촌

07 생물 다양성 협력
  와글와글 세계 어린이 환경 뉴스

08 생태계 서비스 연구
  자연이 주는 선물

09 멸종 위기종 관리
  아슬아슬 사라지는 동물

10 지역 생태 협력
  철새들의 천국 서천 유부도